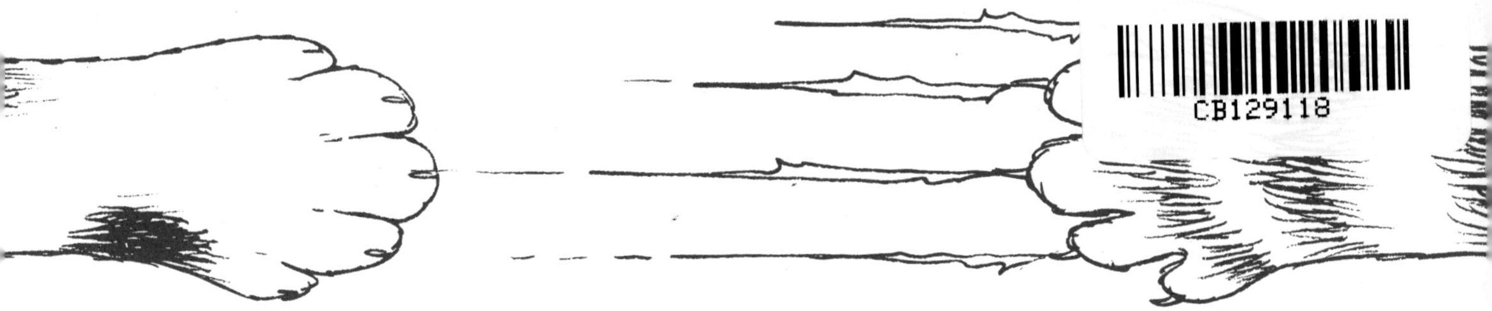

Arte terapia

GATOTERAPIA

LIVRO DE COLORIR
ANTIESTRESSE

Ilustrações de Mademoiselle Ève

EDITORA
ALAÚDE

Título original: *Art-thérapie Chat-thérapie – 100 coloriages anti-stress*

O texto deste livro foi fixado conforme o acordo ortográfico vigente no Brasil desde 1º de janeiro de 2009.

EDIÇÃO ORIGINAL: HACHETTE-LIVRE

Direção: Catherine Saunier-Talec

Direção de arte: Antoine Béon

Responsável editorial: Anne Le Meur

Ilustrações: Mademoiselle Ève

Capa: Nicole Dassonville e Salah Kherbouche

Diagramação: Patrick Leleux PAO

Fabricação: Isabelle Simon-Bourg

Parcerias: Sophie Morier

Comunicação: Johanna Rodrigue-Faitot

PRODUÇÃO EDITORIAL: EDITORA ALAÚDE

Tradução do prefácio: Eric Heneault

Adaptação da capa: Cesar Godoy

Impressão e acabamento: Ipsis Gráfica e Editora

1º edição, 2015

Impresso no Brasil

Dados Internacionais de Catalogação na Publicação (CIP)
(Câmara Brasileira do Livro, SP, Brasil)

Ève, Mademoiselle
Gatoterapia : livro de colorir : antiestresse / Mademoiselle Ève ; ilustrações do autor ; tradução de Eric Heneault. -- São Paulo : Alaúde Editorial, 2015. -- (Arteterapia)

Título original: Chat-thérapie : 100 coloriages anti-stress.
Bibliografia.
ISBN 978-85-7881-293-5

1. Artes - Uso terapêutico 2. Arteterapia 3. Livros para colorir I. Título. II. Série.

15-03878 CDD-615.85156

Índices para catálogo sistemático:
1. Arteterapia 615.85156

2015
Alaúde Editorial Ltda.
Rua Hildebrando Thomaz de Carvalho, 60
04012-120, São Paulo, SP
Tel.: (11) 5572-9474
www.alaude.com.br

O gato, mestre zen

Entre nós e os gatos existe uma energia, algo além do nosso entendimento. Será que nossos pequenos companheiros têm poderes mágicos? Seja como for, eles têm virtudes verdadeiramente terapêuticas! Acredite se quiser, a gatoterapia é algo muito sério. Aliás, ninguém sabe disso melhor do que você, quando afaga seu felino de estimação e se acalma, mergulhando seu olhar no dele, toda vez que surge um problema. Existem três explicações para tanto:

- Os gatos apaziguam a mente. Seu ronronar alivia o estresse, a ansiedade e a insônia.
- Os gatos apaziguam o corpo. Regulam a pressão arterial, fortalecem as defesas imunitárias e diminuem o ritmo cardíaco.
- Os gatos apaziguam o coração. Ternura, calor, presença, fidelidade, reconforto... Esses animais que apenas querem amar e ser amados oferecem afeto e diminuem o sentimento de solidão. Eles nos entendem e sabem melhor do que qualquer um quando pensamentos nocivos e emoções dolorosas tomam conta do lar. E sabem combatê-los com a ajuda de ondas positivas.

No Japão, existem “bares para gatos”, onde é possível tomar chá verde com uma mão e afagar um gato com a outra. Relaxamento garantido. Mas enquanto esse conceito não chega por aqui, este livro deve lhe oferecer um momento de serenidade bem felina...

Relaxe, inspire-se e reencontre o prazer de criar.

Cores, arte e serenidade

Colorir não é uma atividade exclusivamente reservada às crianças: os adultos também têm esse direito! Este livro lhe permite colorir desenhos menores e mais delicados do que aqueles geralmente feitos para crianças. Alguns padrões e detalhes se desvelam e se repetem em torno de certas temáticas. O ato de colorir requer atenção e concentração, assim como as mandalas do budismo tibetano, arte sagrada que há séculos possibilita uma viagem ao seu universo interior. A observação dessas figuras circulares, ricas em cores, permite abrir a mente e focar os pensamentos em um ponto de energia positiva, como forma de meditação.

Transforme a atividade de colorir em algo muito pessoal, um momento de serenidade e bem-estar, de calma e relaxamento. A meta é afastar as ideias que parasitam a mente e diminuir a pressão que sobrecarrega o dia a dia. Aproveite tranquilamente as virtudes calmantes e enérgicas desta atividade, que é ao mesmo tempo uma forma de meditação e de iniciação à arte. Nesse processo manual, colorir os desenhos vai se revelar uma verdadeira ferramenta de criação e satisfação pessoal.

O primeiro passo é a escolha das cores, que não é fruto do acaso: revela humores, histórias, desejos e necessidades. O mundo ao nosso redor é um universo de cores, que mescla ciências, emoções e histórias. Cada um de nós tem sua própria percepção, a evocação da sua própria experiência no mundo.

As cores no dia a dia

O uso das cores em pinturas é muito antigo, como atestam as pinturas rupestres que datam da Pré-História, nas quais observamos principalmente o uso do ocre, do vermelho e do preto. As cores estão presentes nos rituais funerários e também nas pinturas corporais. É constante a necessidade de reproduzir pela cor os objetos ao nosso redor ou os eventos importantes da vida. Por muito tempo, o homem só podia pintar com aquilo que a natureza lhe oferecia: até o século XIX, as cores provinham de pigmentações naturais, de origem mineral ou orgânica.

- A terra, as pedras e os minerais, ao serem triturados, oferecem uma ampla paleta. Assim, o carvão de origem mineral, de madeira ou de osso proporcionou a cor preta das pinturas feitas nas paredes das grutas de Lascaux. Da mesma forma, a hematita, um dos principais minérios de ferro, era usada por artistas da época para tingir esses afrescos de vermelho. O azul apareceu bem mais tarde, em pinturas de outras civilizações. Em grande parte, essa cor procede da rocha metamórfica chamada lápis-lazúli. Ainda na Pré-História, os pigmentos minerais eram misturados a elementos como argila, talco ou granito, e depois à gordura animal, para serem fixados em suportes.

- Os pigmentos de origem orgânica procedem de plantas ou animais.
- Os pigmentos de origem vegetal resultam da trituração de folhas, raízes ou cascas de árvores, plantas, moitas, etc. Assim, os estigmas vermelhos do açafrão (*Crocus sativus*) fornecem tanto o conhecido tempero usado na alimentação quanto uma pigmentação amarelo-alaranjada. E é em suas folhas que a persicária (*Persicaria tinctoria*), originária da Ásia, esconde uma das principais fontes de azul na pintura. Essas plantas, chamadas de plantas tintoriais, são inúmeras e permitiram desenvolver uma paleta mais ampla.
- Na busca das cores, os animais também cumpriram seu papel. Na Idade Média, no sul da França e sudeste da Espanha, uma pequena espécie de larva parasita do carvalho, a cochonilha (*Kermes vermilio*), era secada e triturada para dela se extrair um pigmento vermelho-vivo.
- O preto pode ser obtido a partir da calcinação de chifres de cervos, de ossos de animais ou ainda deixando secar as bolsas de tinta das sibas, um tipo de molusco. A tinta de siba, também chamada de sépia, deu seu nome à cor marrom-escura que produz.
- A partir do século XIX, pigmentos e corantes sintéticos passaram a ser produzidos em grande escala, tornando a quantidade de cores disponíveis quase infinita. Entretanto, nos últimos anos, com o crescimento da onda ecológica, observa-se um retorno aos pigmentos e corantes naturais.

Independentemente de sua origem, as cores têm sido usadas em todas as idades, culturas e civilizações, no mundo todo, com diferentes significados. Ainda hoje fazem parte do nosso dia a dia, estando presentes na escolha da decoração, das roupas e dos cosméticos. São componentes que codificam nosso cotidiano. Remetem a elementos naturais ("vermelho-sangue", "azul-celeste", "verde-limão") ou a emoções, sentimentos ("vermelho de raiva", "amarelo de medo", "verde de inveja"). Existe uma verdadeira simbologia vinculada às cores. Assim, a escolha e o uso delas é muito pessoal, dependendo do momento que vivemos.

A simbologia das cores

Os símbolos ligados às cores são variáveis, e inúmeros fatores entram em sua definição: cultura, religião, país e até tecnologia. Por muito tempo, o verde simbolizou a instabilidade porque os tintureiros encontravam dificuldade para fixar esse pigmento, até se tornar, no século XIX, a cor da natureza para os românticos. Na Antiguidade, os europeus não consideravam o azul como uma cor, enquanto os egípcios o associavam à verdade e imortalidade.

Em nossa cultura ocidental, encontramos símbolos recorrentes relativos às principais cores usadas. Por exemplo, associa-se o azul aos meninos (considerados como abençoados pelos deuses na Antiguidade) e o rosa às meninas (desde o século XVIII, sob a influência de Madame de Pompadour), fazendo com que o azul e suas variações sejam cores masculinas e o rosa, uma cor feminina, embora essa delimitação esteja diminuindo com o decorrer do tempo. Vejamos outros exemplos de associações bem conhecidas.

Azul

Azul-escuro, azul-celeste... O azul é a cor do céu, do mar e dos oceanos. Por essência, representa uma abertura para o mundo, a ampliação dos horizontes. Convida à viagem e à descoberta, no sentido literal e figurado. Relaxante e refrescante, é considerada uma cor fria. Representa o sonho, a sabedoria, a serenidade e a verdade.

Amarelo

Associado ao sol, ao ouro e ao fogo, o amarelo-vivo é sinônimo de alegria, raio de luz e calor. Simboliza o contato social e a amizade. É uma cor apaziguadora, que ao mesmo tempo significa vida e movimento. No entanto, essa cor revela contrastes e pode também ser associada à traição, à infidelidade e à mentira. O amarelo também é popularmente associado ao medo. As nuances de tons implicam símbolos diferentes. O amarelo-claro pode ser associado à doença (ter uma “tez amarela”).

Vermelho

É a cor dos paradoxos. Trata-se de uma cor quente, que não nos deixa indiferentes e que, ao mesmo tempo, pode significar amor, paixão, sensualidade e coragem, ou sangue, inferno, luxúria e proibição. Provoca sentimentos fortes e se infiltra na mente.

Verde

Associado ao reino vegetal, o verde é a cor mais presente na natureza. Apaziguador e refrescante, representa a energia, a esperança e a sorte, embora às vezes seja associado ao fracasso e à infelicidade. Aliás, diz-se que usar roupa verde no teatro traz má sorte.

Laranja

Essa cor secundaria é tonificante. Inspira alegria e bom humor, otimismo e receptividade, além de criatividade. É a cor da audácia. Tornou-se símbolo dos anos 1960, e há quem a considere um tanto *kitsch* e desatualizada.

Preto

No Ocidente, o preto tem conotação negativa. Significa o medo, a morte, o luto, a tristeza e o desespero, o rigor e austeridade. Contudo, também é sinônimo de elegância e simplicidade.

Branco

Associado à neve, à luz e ao leite, o branco significa a pureza e a inocência. É a unidade e o equilíbrio, o casamento e a virgindade. Aliás, não se diz "branco como a neve" de algo que está acima de qualquer suspeita?

Todas as qualidades e os símbolos que atribuímos às cores influenciam as associações que fazemos entre elas. Usadas nas campanhas publicitárias para divulgar mensagens e até na sinalização das estradas, as cores apelam para o nosso inconsciente. Por exemplo, os sinais de proibição ou de perigo são vermelhos, enquanto os de prioridade ou atenção são amarelos; já o sinal verde significa que podemos passar de forma segura.

Além desse aspecto vinculado ao afeto e à emoção, a cor também é um elemento científico. De fato, a visão que temos das cores de certa forma é relacionada às mensagens que os olhos enviam ao cérebro! Mas como isso acontece na prática?

As cores e a ciência

Cor significa luz. A luz fornecida pelo sol, ou ainda por uma lâmpada, é chamada de luz branca: é a soma de todas as cores visíveis pelo homem.

Parece complicado? Tente observar a luz sobre uma bolha de sabão ou um CD: vão aparecer cores. É a luz branca que se decompõe, fenômeno chamado de difração da luz branca. O exemplo mais conhecido é o arco-íris, que observamos quando faz sol e chove ao mesmo tempo. É a expressão da difração da luz do sol sobre as gotas de água da chuva. O arco-íris representa o que chamamos de luz visível, isto é, todo o espectro das cores perceptíveis pelo olho humano, do vermelho ao roxo. A luz "invisível" é aquela que não se vê a olho nu, como os raios ultravioleta ou ainda os raios X.

Em resumo, a luz que recebemos do sol é a soma de todas as cores do arco-íris, com suas infinitas nuances. Quando essa luz branca alcança um objeto, este absorve algumas cores e reenvia outras por reflexão. Por exemplo, a superfície de um limão-siciliano reflete apenas o amarelo, absorvendo todas as outras cores. Isso explica por que, cientificamente, o branco e o preto não são cores. Um objeto que absorve a totalidade das cores parece preto, enquanto um objeto que reflete todas as cores parece branco.

Assim, as cores são ondas vibratórias em movimento que chegam até nossos olhos, que por sua vez enviam essa informação ao cérebro, o qual então decodifica a mensagem. Para que essas noções se tornem ainda mais acessíveis, o espectro visível foi materializado em um círculo chamado "círculo cromático".

Círculo cromático e associação de cores

O círculo cromático restitui o conjunto infinito de cores do espectro visível na forma de doze cores básicas, semelhantes àquelas encontradas em uma caixa de lápis de cor:

- As três cores primárias são as únicas que não podem ser obtidas a partir da combinação de outras cores: o ciano (azul), o magenta (vermelho) e o amarelo.
- As três cores secundárias são uma mistura, em igual quantidade, de duas cores primárias: verde (amarelo + ciano), roxo (ciano + vermelho) e laranja (amarelo + magenta).
- As seis cores terciárias são uma mistura, em igual quantidade, de uma cor primária e uma cor secundária que lhe é adjacente no círculo.

As cores também possuem aspecto claro ou escuro: é chamado de "valor da cor". Os valores podem ser escuros (as sombras) ou claros (as nuances). As sombras correspondem à cor acrescida de preto e as nuances, à cor acrescida de branco. A partir desta base, existem seis relações elementares entre as cores. Essas relações permitem obter uma infinidade de cores. São muito úteis para aprender a associar as tintas entre si e ajudam a criar combinações harmônicas.

- As cores primárias, por definição, são cores fortes e ricas. São raramente usadas juntas, exceto nos produtos para crianças – que são muito atraídas por contrastes destoantes.
- As cores secundárias se associam facilmente. Ao mesmo tempo ricas e suaves, trazem verdadeira profundeza e linda harmonia.
- As cores complementares são cores diametralmente opostas no círculo (azul e laranja, verde e vermelho, violeta e amarelo). O forte contraste entre essas duas cores traz muita energia às criações. Ao trabalhar com cores complementares, utiliza-se sempre uma quantidade menor de uma em relação à outra, de maneira a não saturar a criação. Por exemplo, o azul com toque de laranja.
- As paletas análogas são compostas a partir de uma cor e de duas cores adjacentes com suas declinações de valores. São paletas ricas, de contraste fraco e utilização simples.
- As paletas monocromáticas combinam os diferentes valores de uma mesma cor. Sem profundeza cromática, apenas descrevem os contrastes de valores. Isso é chamado de composição "tom sobre tom". Permite criar *dégradés* (gradações).
- As paletas adjacentes complementares utilizam três cores adjacentes mais uma complementar. Essa paleta oferece um contraste fraco de cores adjacentes realçado por um toque de cor oposta. A cor complementar então é usada para acentuar o contraste.

Podemos criar muitas outras relações entre as cores. A quantidade de cores usadas ou a escolha de cores mais frias ou quentes, por exemplo, também têm papel importante nas criações, sem esquecer o uso do preto ou do branco para contrastar o conjunto.

Agora, está na hora de escolher seus apetrechos para colorir.

Cores, ferramentas e algumas dicas

Lápis de cor? Caneta hidrográfica? Nem sempre é fácil escolher. Seguem algumas informações para orientar sua escolha, embora isso dependa do gosto pessoal e do resultado procurado.

Caneta hidrográfica

As canetas hidrográficas – as canetinhas – cobrem bem a superfície e oferecem lindas cores, mas frequentemente deixam aparecer as linhas de demarcação na hora de colorir as superfícies maiores, mesmo com ponta grossa. Desaconselha-se usar canetas de ponta muito fina para colorir as superfícies maiores, mas elas podem ser usadas em detalhes menores.

Cuidado, pois a tinta pode atravessar o papel mais fino. Portanto, recomenda-se usar as canetinhas em papéis mais grossos, tipo Canson ou cartolina.

As canetas com álcool permitem colorir superfícies grandes sem deixar linhas de demarcação. As cores são lindas e muito variadas. Secam rapidamente, permitindo a troca frequente de cores. As canetas com álcool também permitem misturar as cores.

O álcool que serve de solvente nessas canetas embebe o papel de forma muito rápida e profunda, portanto, as cores podem atravessar. Quem quiser trabalhar na frente e verso precisa se lembrar disso. As cores das canetas com álcool também costumam se espalhar. Por causa disso, recomenda-se deixar sempre uma pequena margem entre a cor e a beira da parte a ser colorida. Cuidado, pois as canetas com álcool têm cheiro forte que facilmente pode incomodar.

Ao usar canetas hidrográficas, aconselha-se aos destros colorir o desenho da esquerda para a direita e no sentido inverso para os canhotos.

Lápis

Os lápis de cor permitem variar e misturar as cores de maneira quase sem fim. Em geral, os lápis escolares têm ponta bastante seca e produzem efeitos de tipo pastel. Se quiser cores mais vivas e marcantes, escolha lápis de ponta menos dura. Com a ponta mais macia, não é necessário apertar muito o lápis para imprimir a cor no papel; assim, você não corre o risco de marcar o verso da folha. Para preencher espaços maiores sem deixar traços de demarcação, aconselha-se colorir formando pequenos "círculos". Com os lápis de cor, aconselhamos começar a colorir pelas cores mais escuras.

Os lápis aquareláveis oferecem uma pigmentação maior do que os lápis de cor comuns. Como as cores se diluem com pequeno pincel úmido, aconselha-se usá-los em papel mais grosso e umedecer apenas o pincel. Os lápis aquareláveis possibilitam lindas misturas de cores.

Caneta gel

Cobre muito bem a superfície e proporciona um aspecto divertido, com cores fluorescentes, metálicas ou brilhantes. Por outro lado, a tinta demora a secar e cobre os traços pretos dos desenhos. Além do mais, essa caneta é bastante cara e dura pouco tempo. Recomenda-se que seja reservada para superfícies menores.

Em resumo, não existe ferramenta ideal para colorir. Experimente mesclar lápis e caneta, usando mais o lápis para o fundo e a caneta para acentuar os detalhes que você queira destacar.

Tudo pronto? Então comece a criar!

Antes de começar, crie um ambiente propício para relaxar. Leve o tempo necessário para escolher o desenho, os apetrechos e as cores. Faça desse momento uma verdadeira terapia contra o estresse, um momento de isolamento interno.

Finalizado o trabalho, coloque a data e dê um título à sua obra.

Karine Jouvet
Konésciences

Agora é a sua vez...

Esta página em branco convida você a testar seus apetrechos de colorir para verificar como ficam neste papel. Isso lhe permitirá ter uma ideia de como seus desenhos vão ficar.

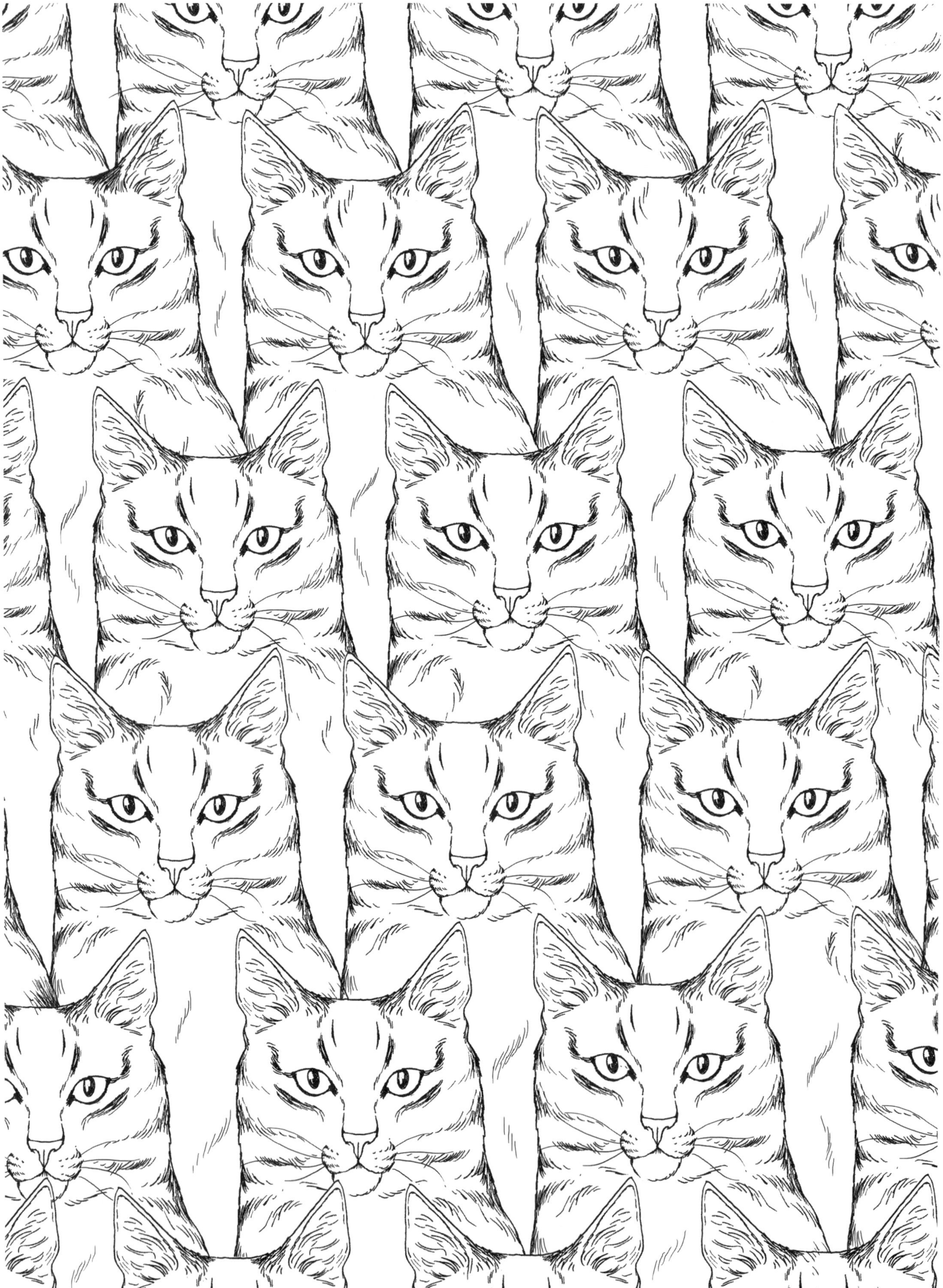

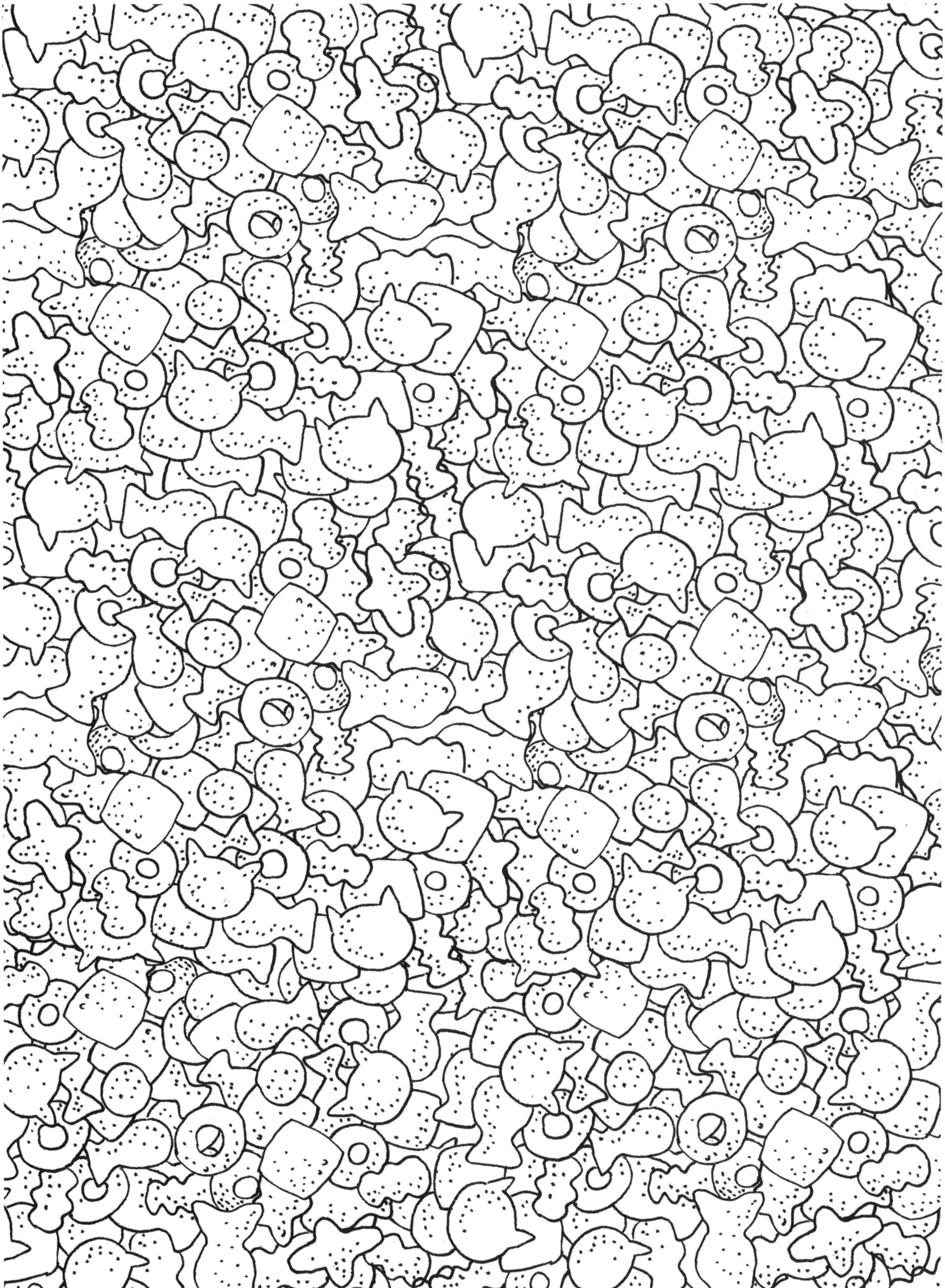

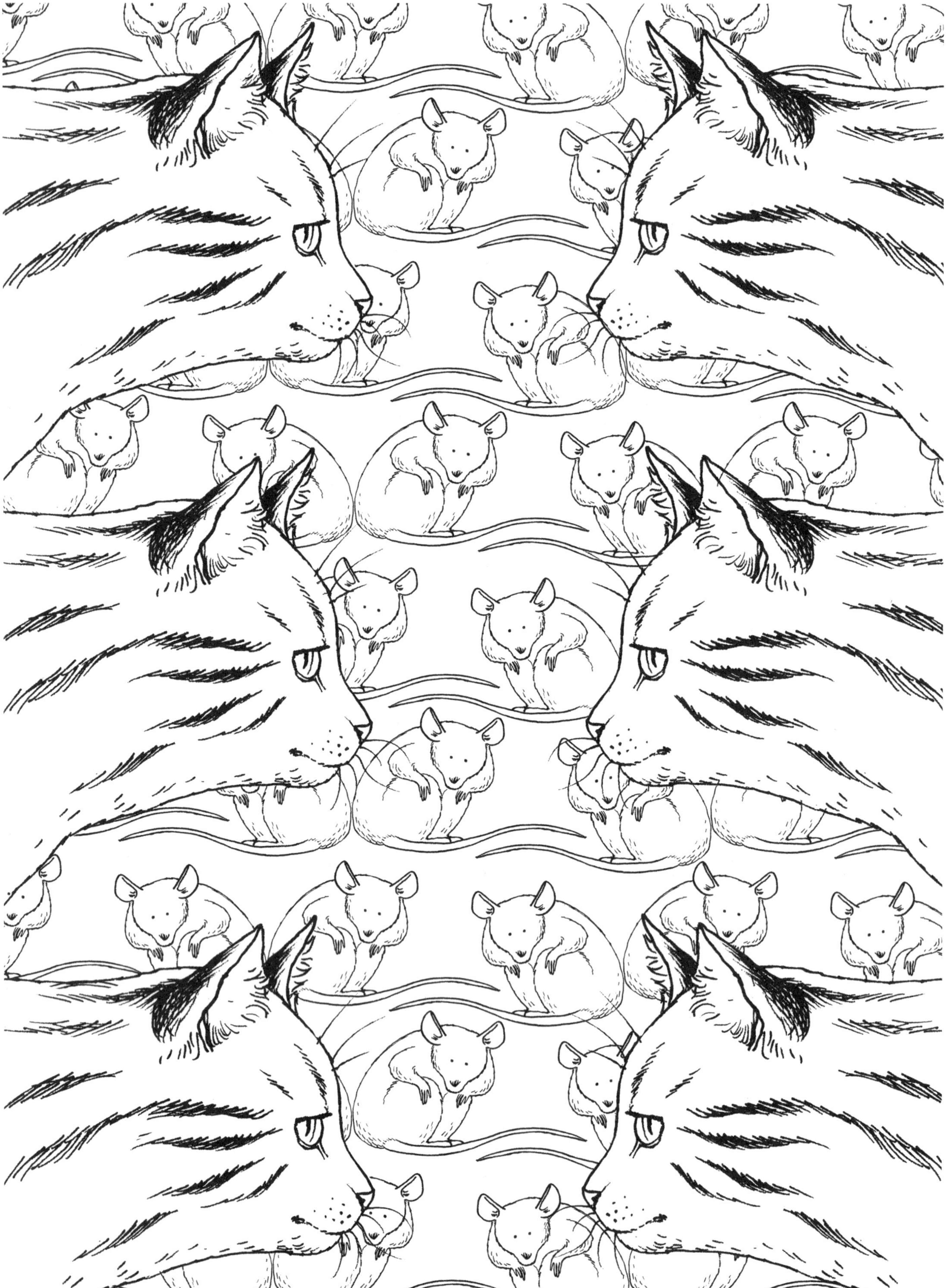

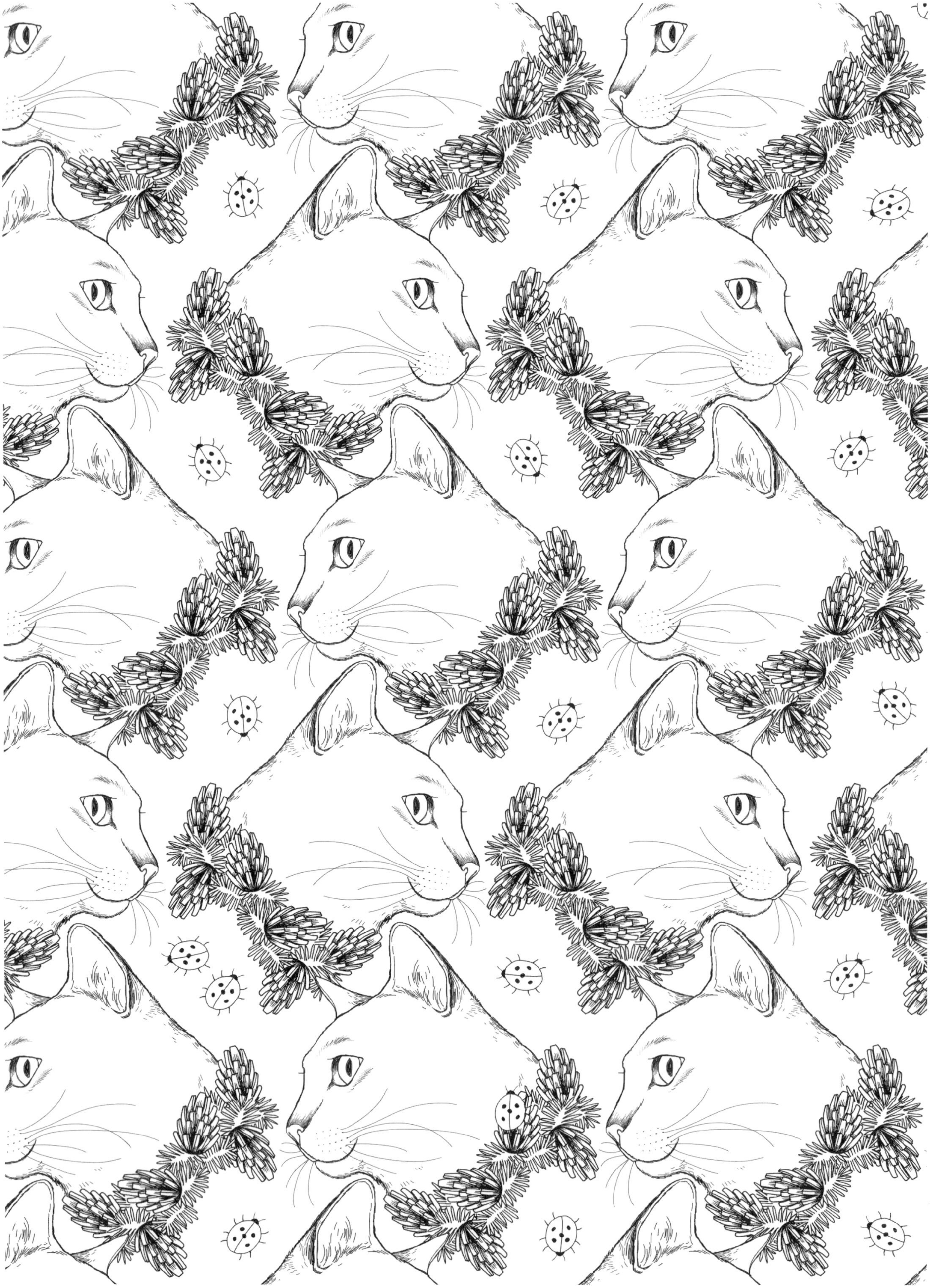

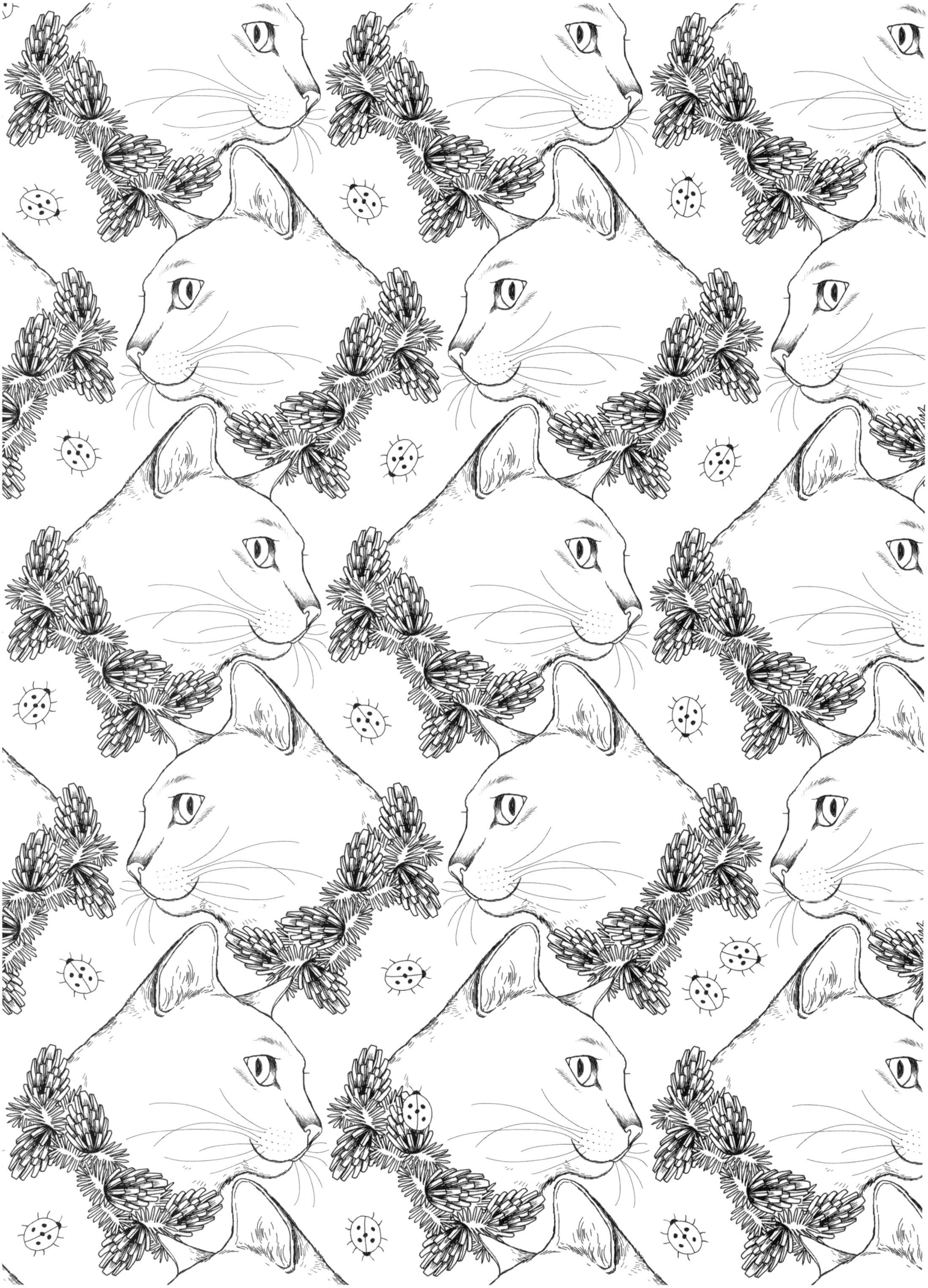

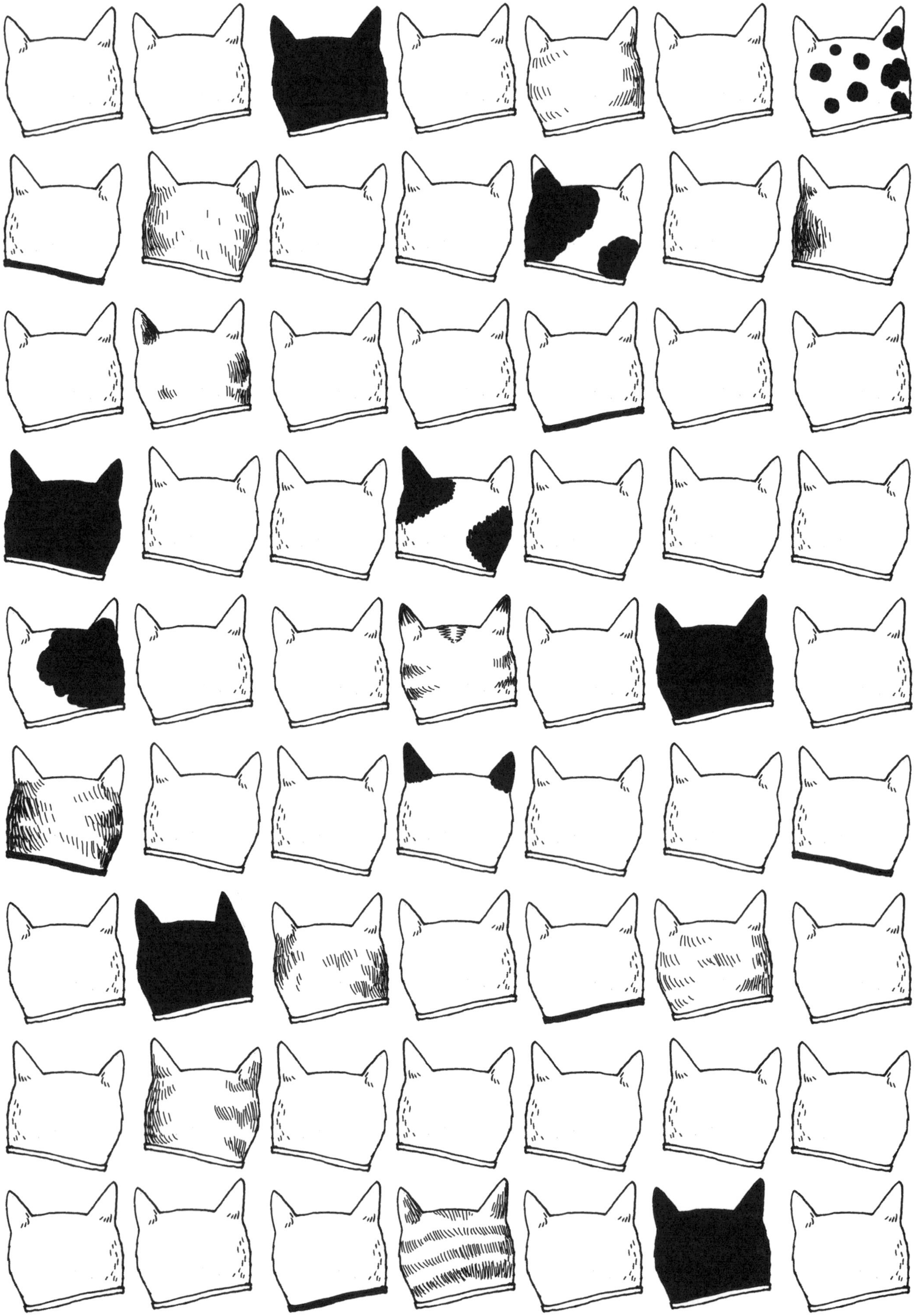

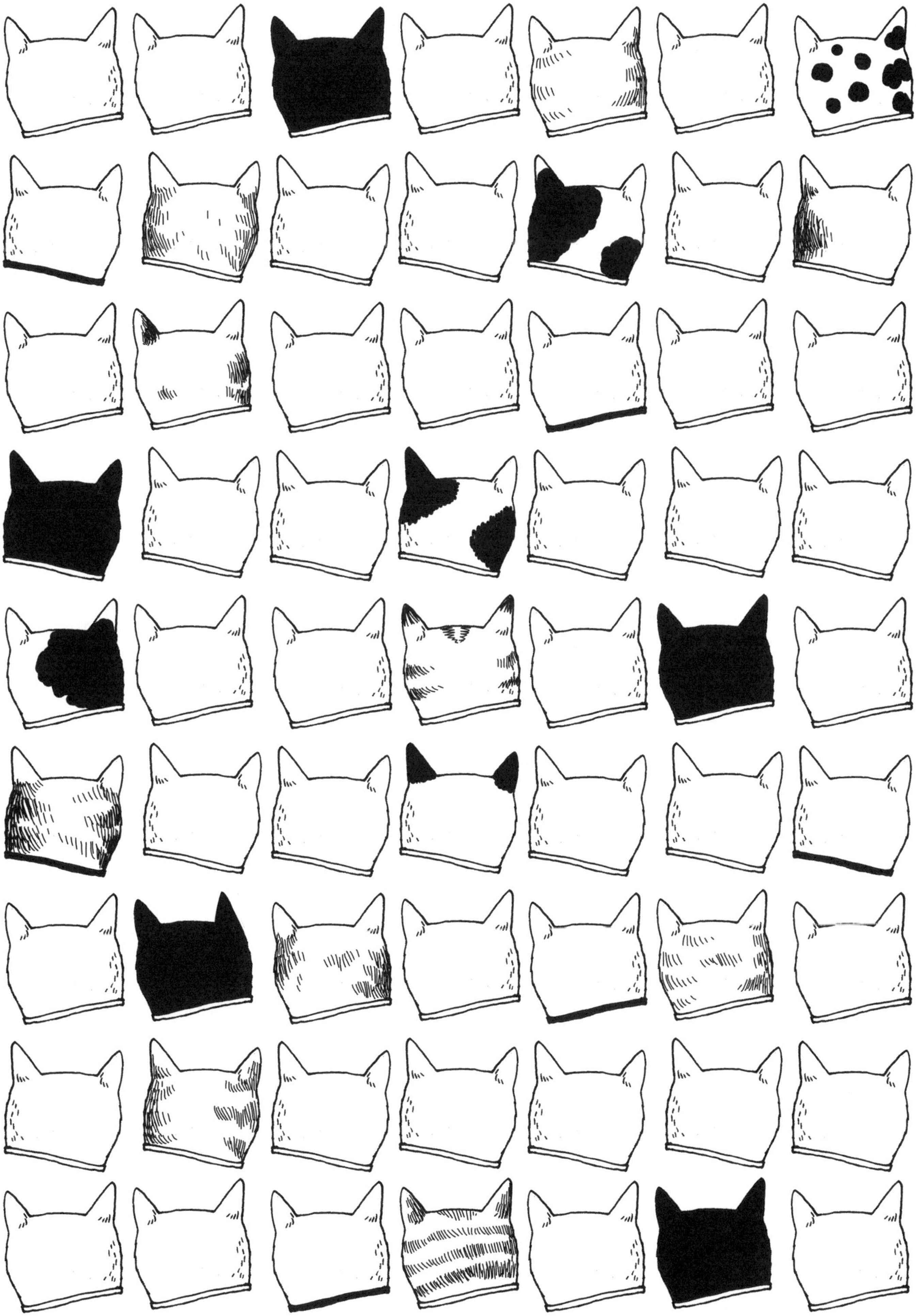

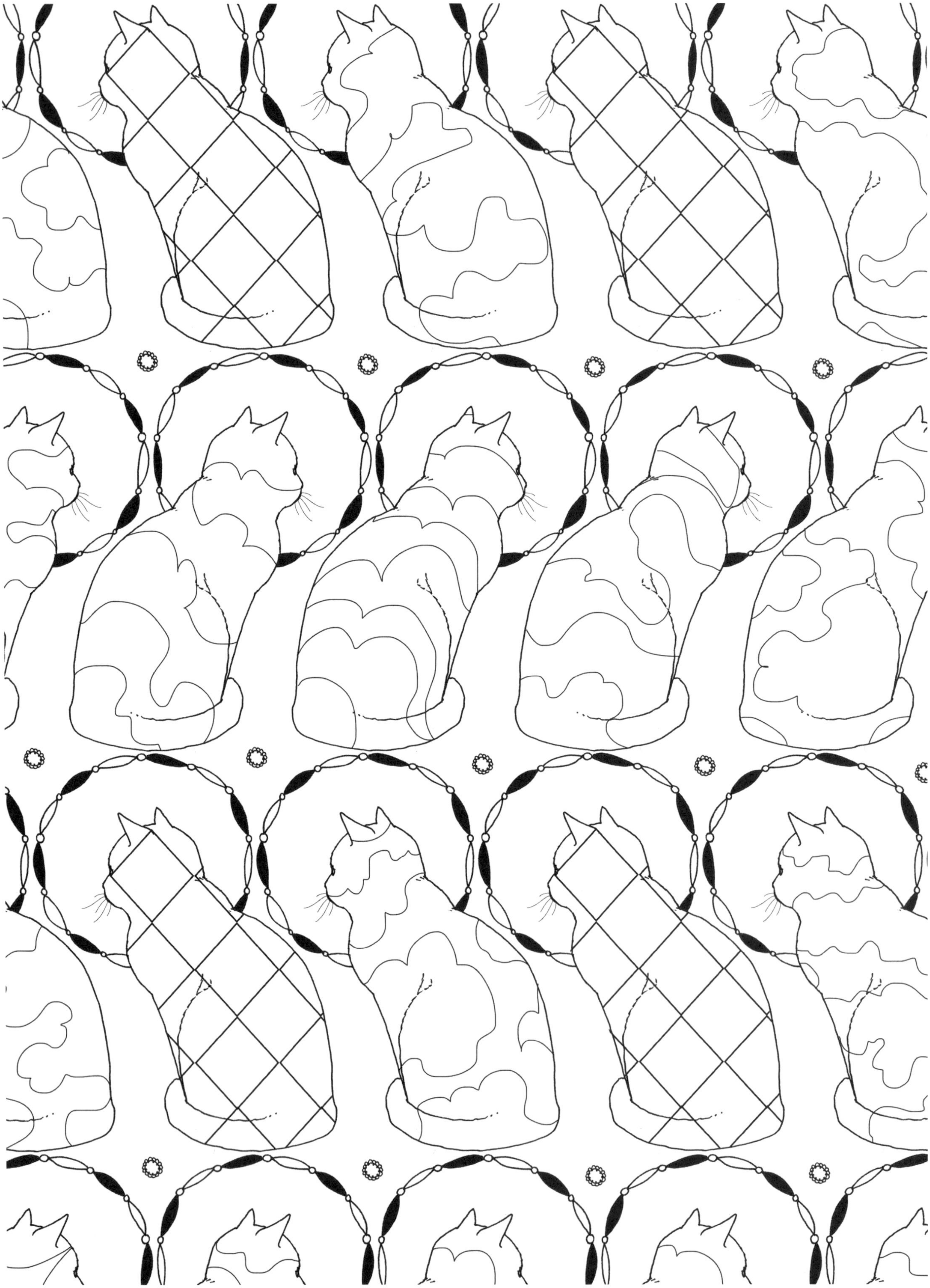

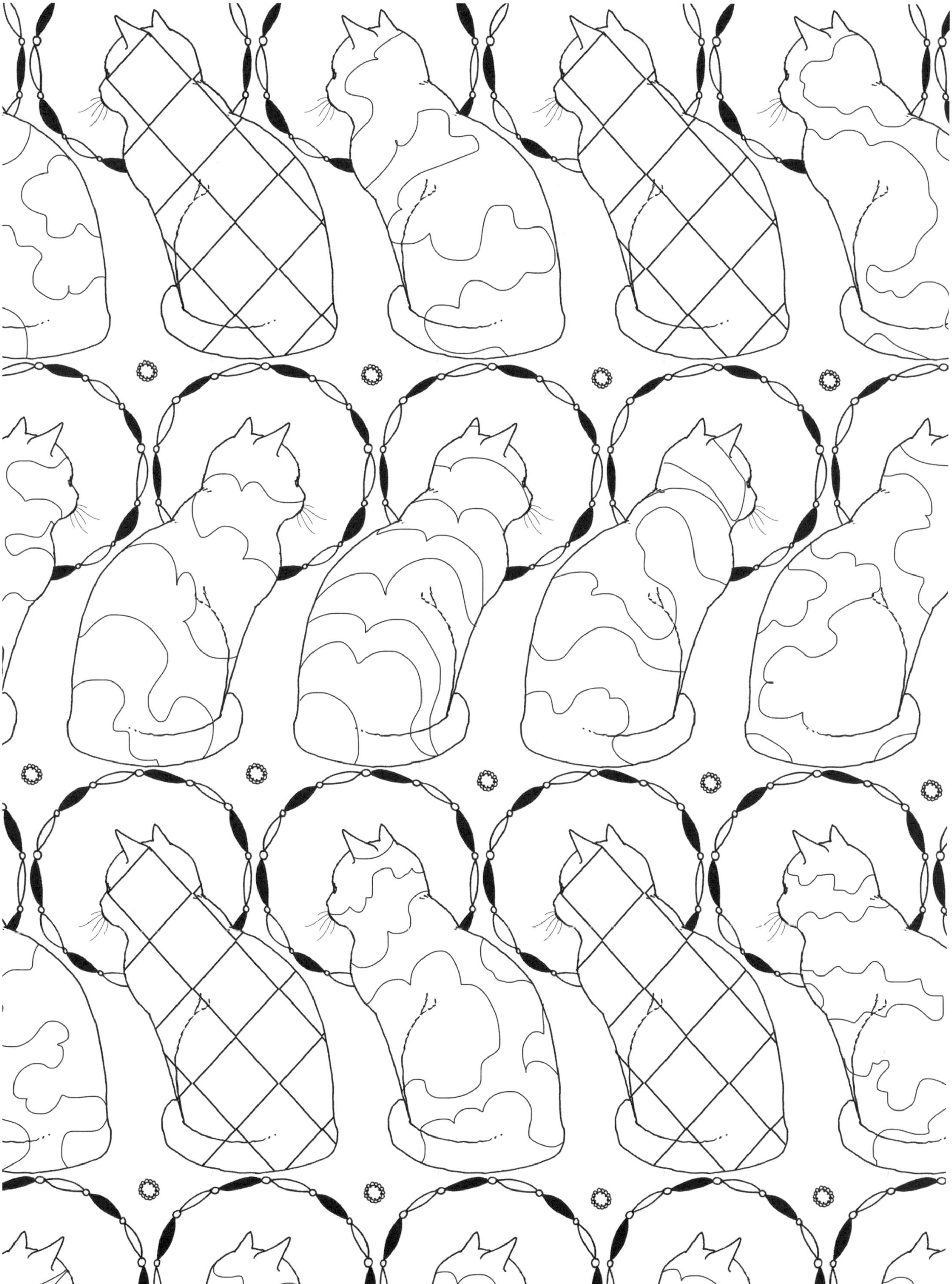

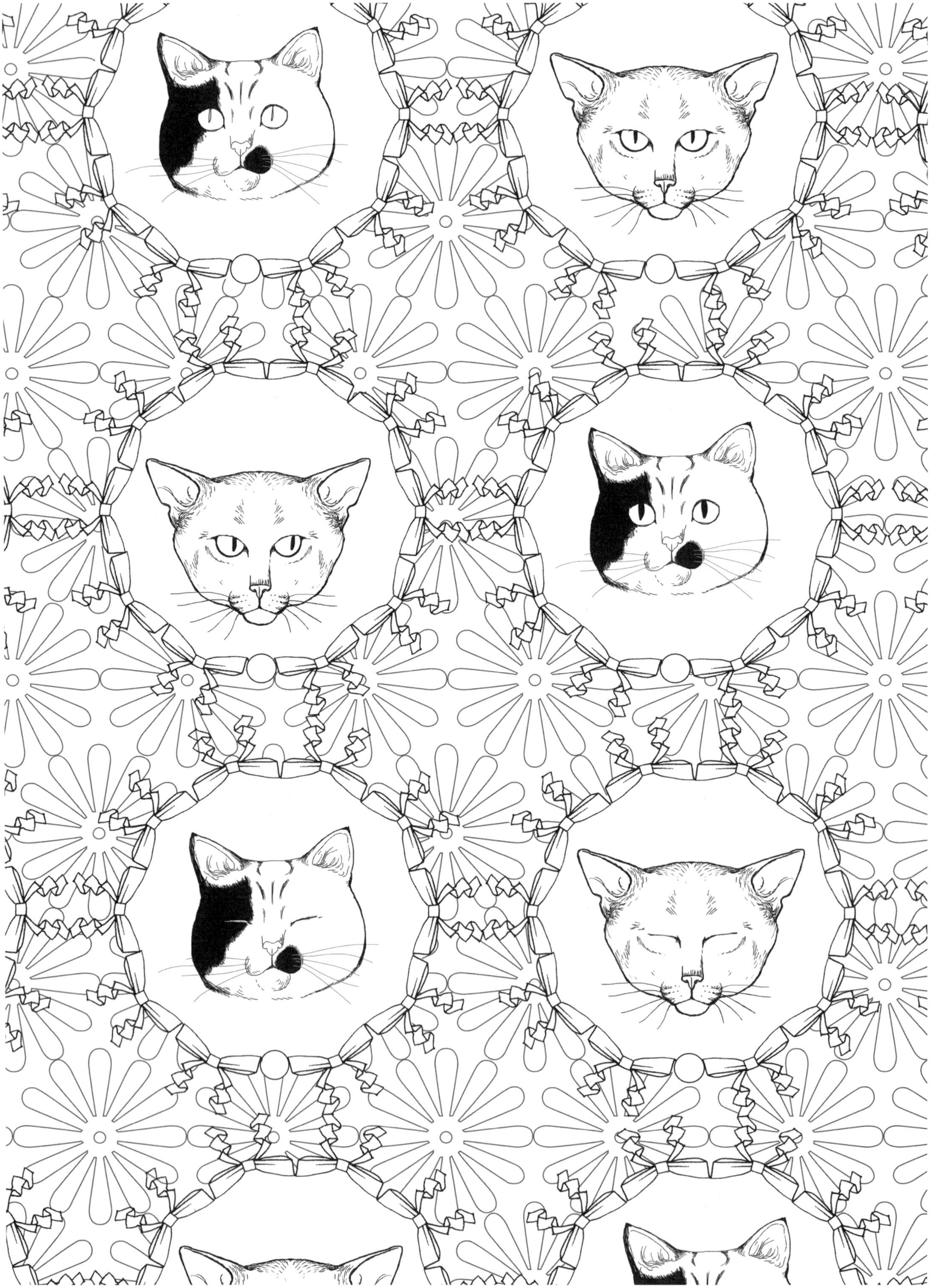

Miaou Miaou Miaou

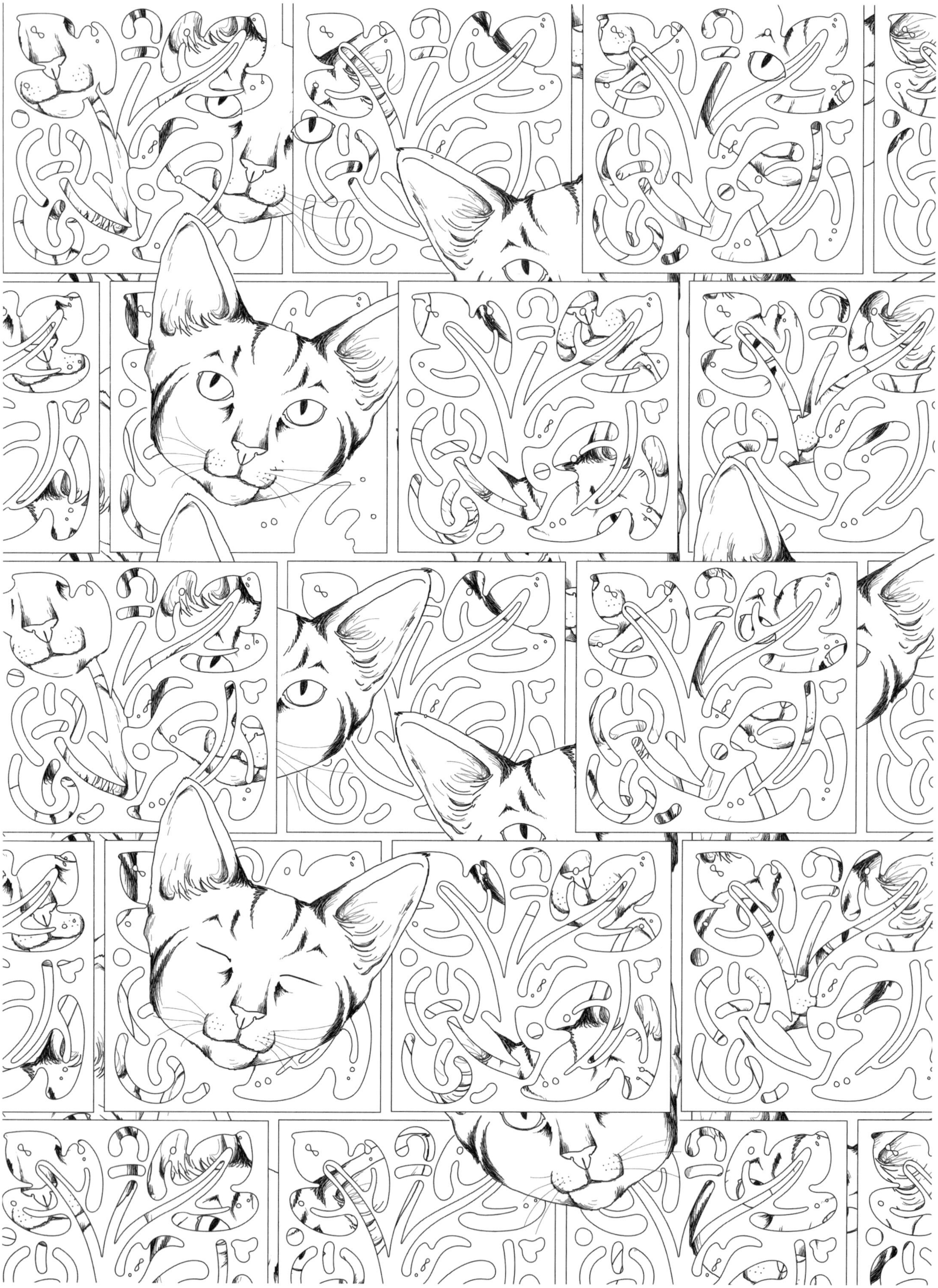

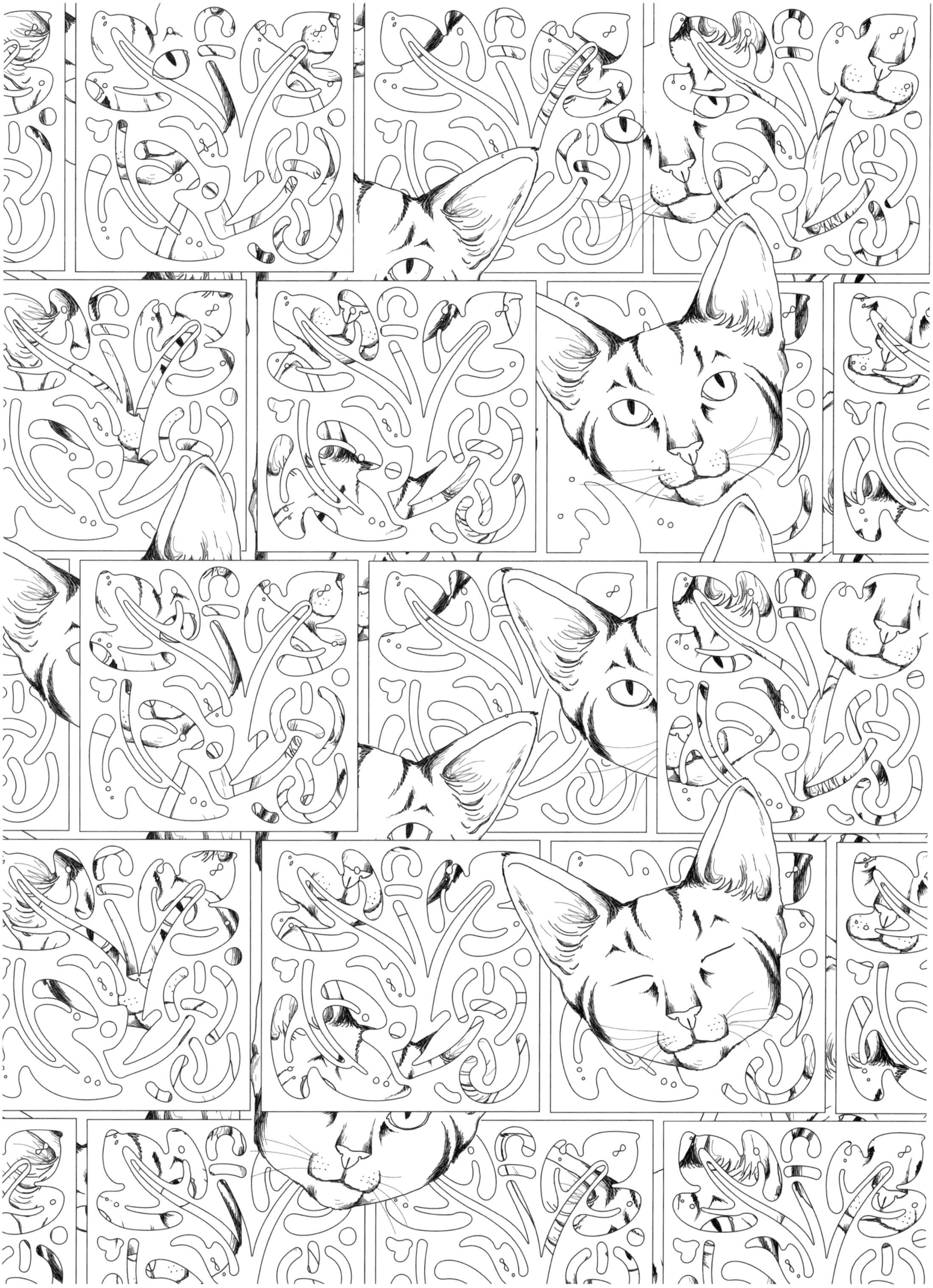

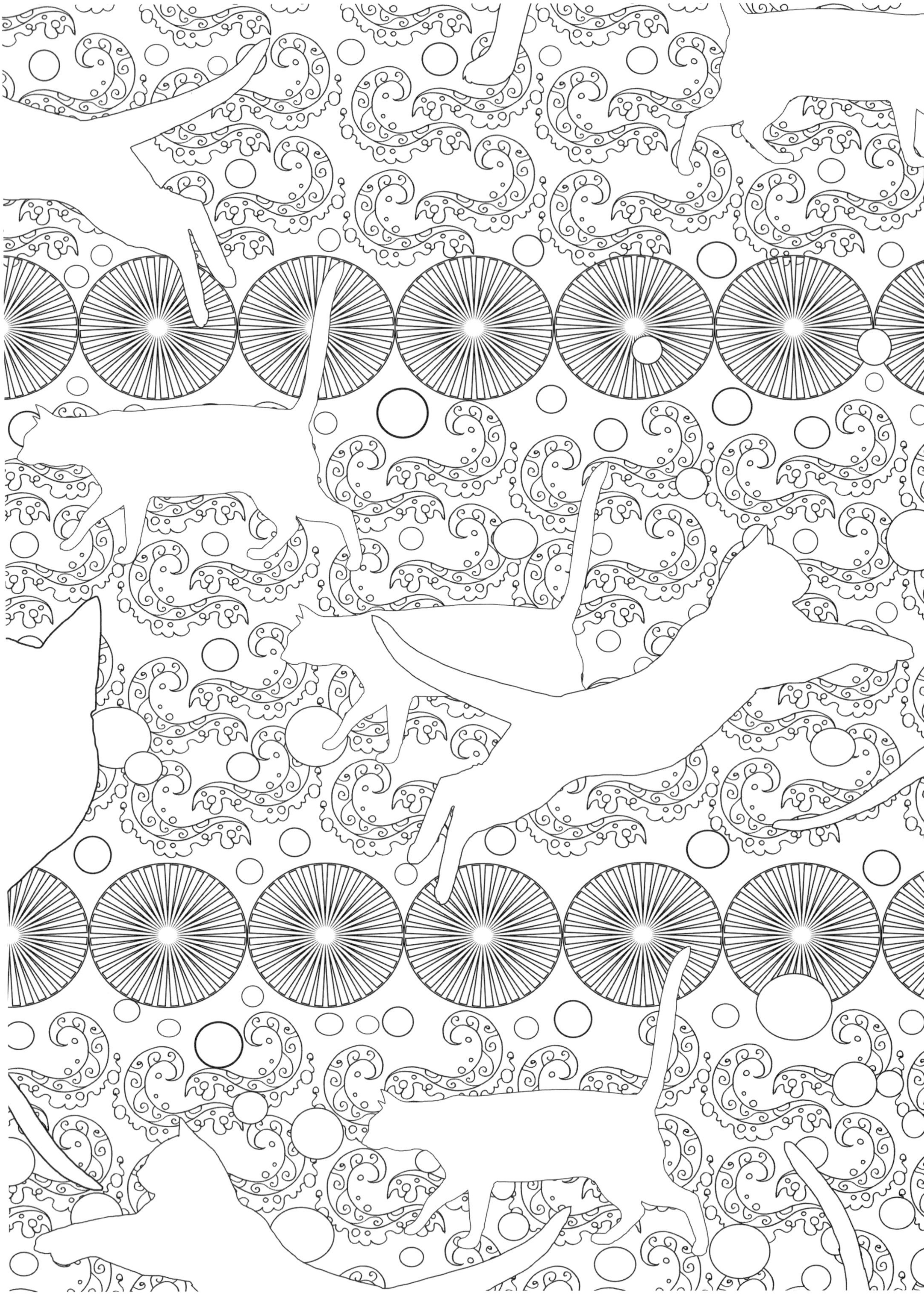

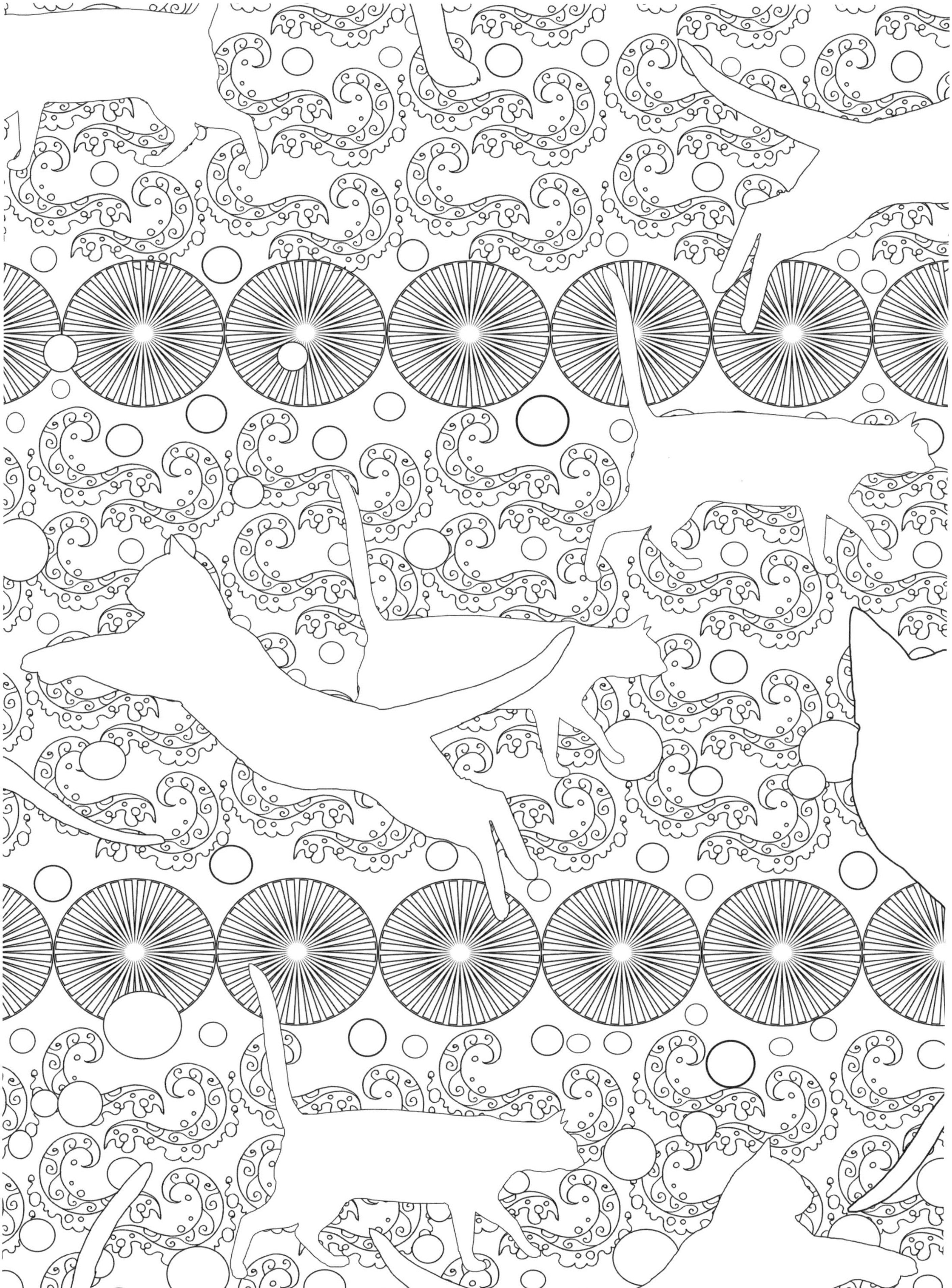

Les chats et les chiens c'est une longue histoire Les chats et les chiens c'est une longue histoire Les chats
et les chiens c'est une longue histoi chats et les chiens c'est une longue histoire Les chats et les
chiens c'est une longue histoire Les s et les chiens c'est une longue histoire Les chats chiens
c'est une longue histoire Les chats et les chiens c'est une longue hist et les chiens c'est une
longue histoire Les chats et les chiens c'est une long
histoire Les chats et les chiens c'est une longue histoir
Les et les chiens c'est une longue histoireLes cha
et les ens c'est une longue hi Les chats et les
chiens c'est une longue h
c'est une longue histoire
longue histoire Les chats
histoireLes chats et les c
Les chats et le

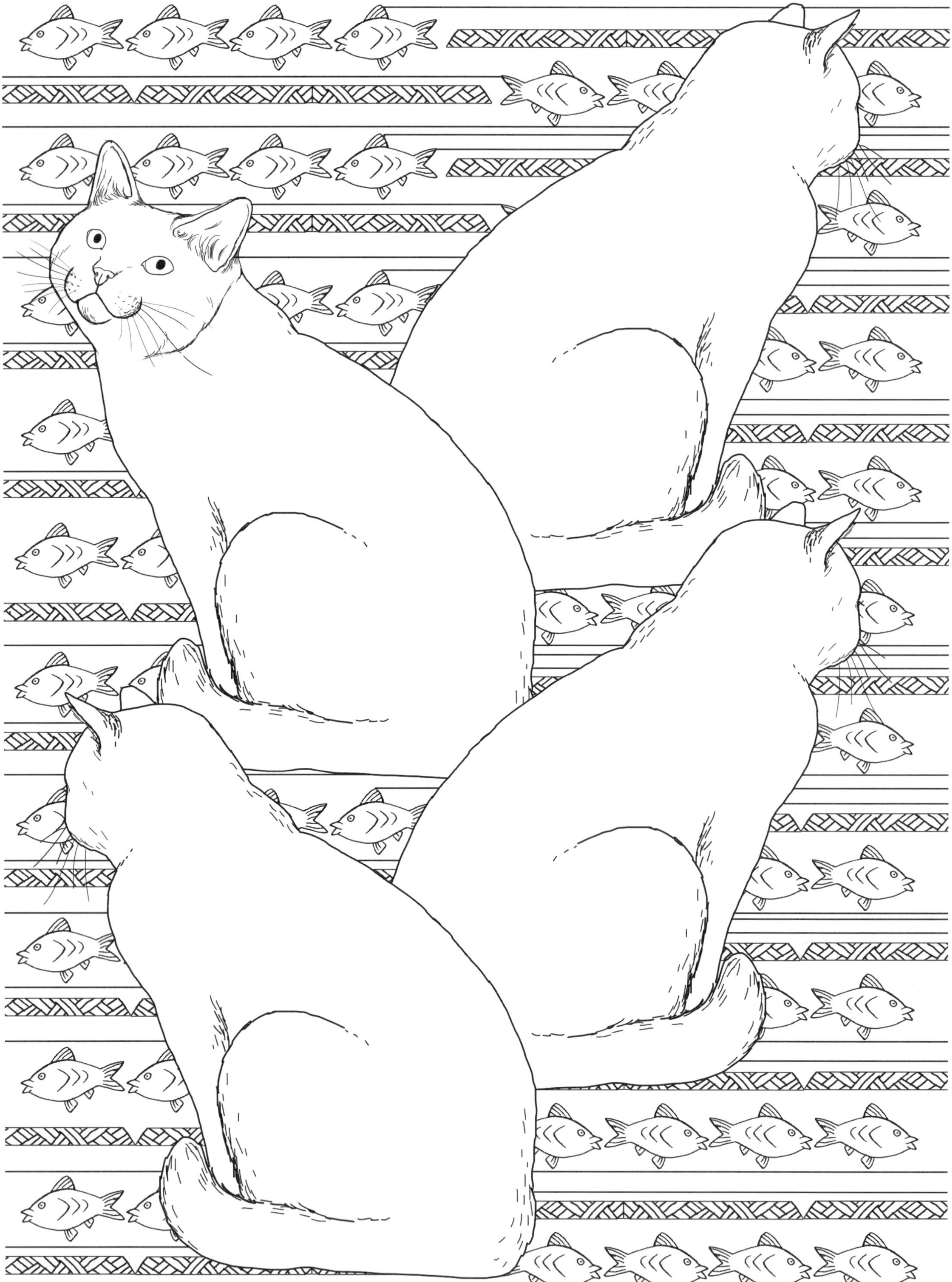

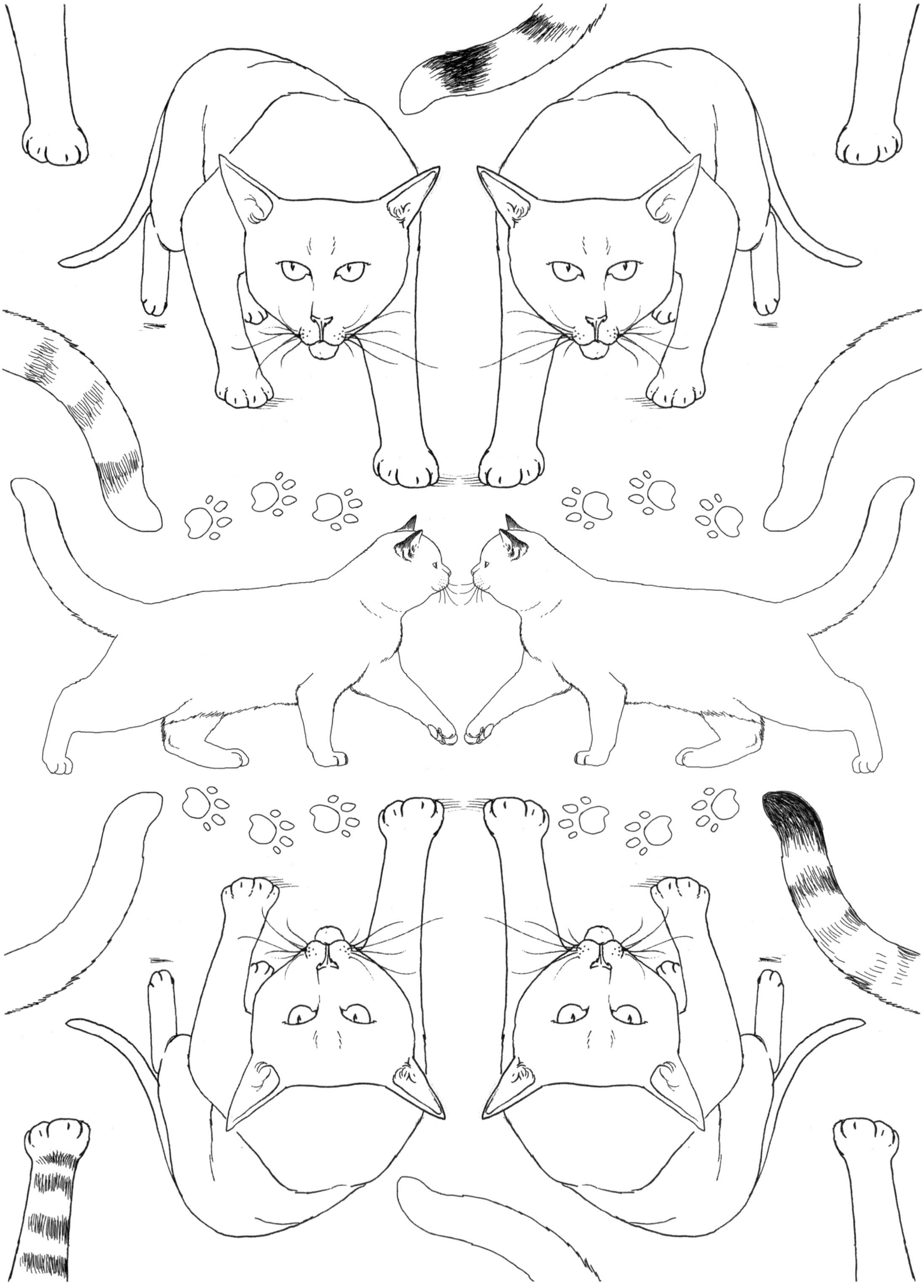

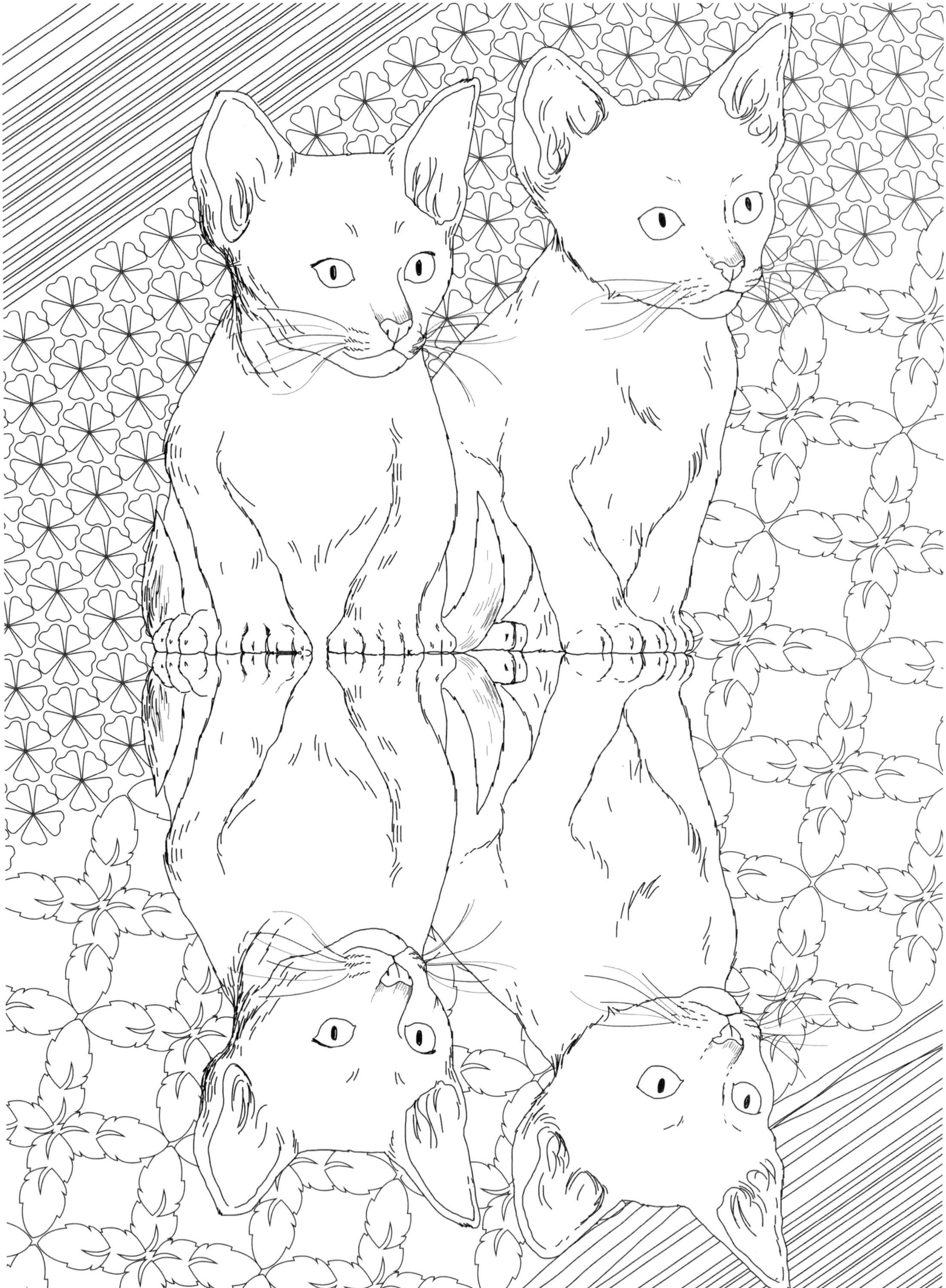

MIAOU MIAM
MIAOU MIAM
MIAOU MIAM
MIAOU MIAM

MIAOU MIAM
MIAOU MIAM
MIAOU MIAM
MIAOU MIAM

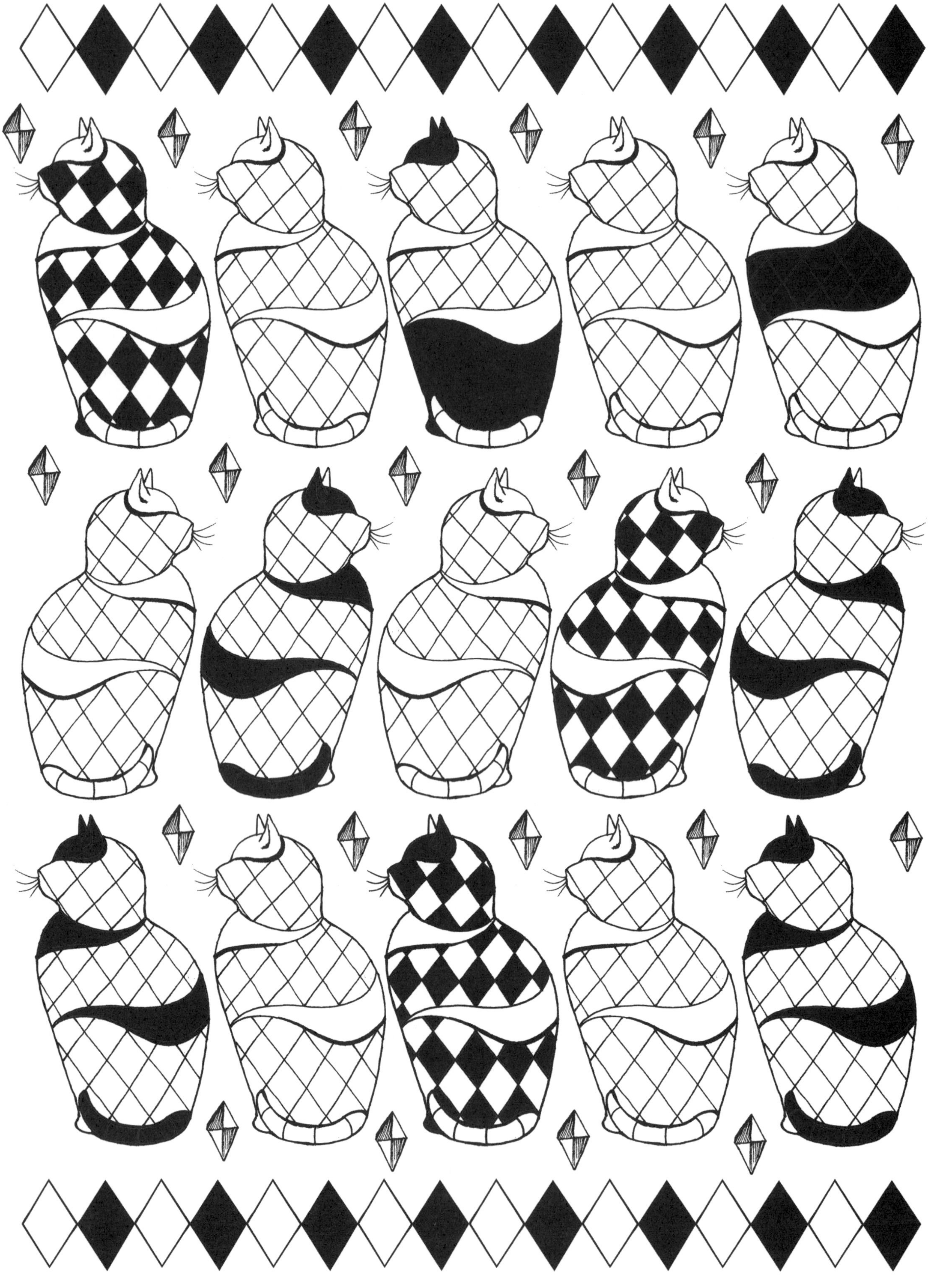

Mademoiselle Ève

Mademoiselle Ève nasceu na Suíça em 1981 e estudou artes plásticas em Lausanne. Depois, mudou-se para a França, onde estudou na École Supérieure des Beaux-Arts d'Angers por cinco anos. Como ilustradora, criadora de personagens e designer gráfica, desenvolve trabalhos para editoras e agências de publicidade.